L. H Dancourt

Die unvermutete Zusammenkunft

oder Die Pilgrime von Mecca - ein Singspiel in drei Aufzügen

L. H Dancourt

Die unvermutete Zusammenkunft
oder Die Pilgrime von Mecca - ein Singspiel in drei Aufzügen

ISBN/EAN: 9783743413771

Hergestellt in Europa, USA, Kanada, Australien, Japan

Cover: Foto ©ninafisch / pixelio.de

Manufactured and distributed by brebook publishing software (www.brebook.com)

L. H Dancourt

Die unvermutete Zusammenkunft

Die unvermuthete Zusammenkunft
oder die
Pilgrime von Mecca

Ein Singspiel
in drey Aufzügen
aus dem Französischen übersetzt.

Die Musik dazu ist vom Hrn. Chev. Gluck.

Aufgeführt
im k. k. Nationaltheater.

WIEN,
zu finden beym Logenmeister.
1780.

Personen.

Ali, Prinz von Balsora.

Rezia, Favorite des Sultan.

Dardanne,
Amine,   } Kammermädchen der Rezia.
Balkis,

Osmin, Sklave des Ali.

Der Sultan von Egypten.

Banu, ein Sclave

Herr Schwindel, ein Maler.

Ein Calender.

Ein Oberhaupt der Caravanne.

Morachin, ein schwarzer Sklave.

Gefolg und Wache des Sultan.

Sklaven und Sklavinnen bey der Rezia.

Verschiedene Lastträger.

Der Schauplatz ist in Cairo.

Erster Aufzug.

(Die Schaubühne stellt einen öffentlichen Platz in Cairo vor.)

Erster Auftritt.

Osmin. allein.

Arie.

Beglückt ist der,
  Den nie der Liebe Kitzel sticht;
Doch, ach! mein Herr,
Der Ali ist so glücklich nicht;
Denn ein Schmerz, der unheilbar ist,
Weil er seine Schöne vermißt,
Jagt ihn irrend durch die Provinzen;
Den armen Prinzen
Sticht es itzt durch das Herz.
Ach! welch ein Schmerz! ach! welch ein
  Schmerz!

Endlich sind wir einmal nach mühseligem Herumreisen in Cairo angekommen. Desto besser. Die Stadt ist groß, da werde ich leicht einen Dienst finden können. Ich kann doch nicht länger bey meinem jetzigen Herrn bleiben, denn er hat den Teufel in seinem Beutel wohnen.

Zweyter Auftritt.

Osmin, ein Calender, (welcher ein Schelchen und eine Sparbüchse hält.)

Calender. Illah! illah! ah!
Osmin. Was Teufel ist das für ein Kerl?
Calender. grüßt den Osmin auf eine lächerliche Art und singt, indem er sich auf einem Instrumente accompagnirt.

Arie.

Castagno, castagna,
Pista - fanache.
Rimagno, rimagna,
Mousti - limache
Quic, billic, loulougagne
Mexachefa, ronquillo,
Firlipi mirlimaque,
Selimanca, verquillo,
      Lerolo,
Lerala, lerala, lerolo.
(Indem er Lerolo sagt, fängt er an sich umzudrehen.)
Osmin. Lerolo, lerolo.

(Osmin

(Osmin macht den Tanz und das Lerolo des Calender nach, es währet ihm aber zu lang, er
fällt ganz taumelnd um und sagt, indem er
wieder aufsteht:)

Der Teufel hole dich mit deinem Lerolo.

Calender.

Arie.

Castagno, castagna,
Pista - fanache.
Rimagno, rimagna,
Mousti - limache.
Quic, billic, loulougagne,
Mexachefa, ronquillo.
Firlipi, mirlimaque.

Osmin. Ich bitte Sie um Verzeihung, aber ich verstehe kein Wort von allem, was Sie da sagen.

Calender. Wie! ihr versteht mich nicht?

Osmin. Nein, wahrhaftig nicht.

Calender. Ich verstehe eben so wenig davon. Es ist ein altes Lied, welches Mahomet in dem dunkeln Style des Alcoran aufgesetzet hat. Wir Calender singen es, wenn wir Allmosen begehren.

(Er hält ihm seine Sparbüchse vor.)

Osmin. Wie! das ist, um Allmosen zu begehren? Ich habe so eben selbst bey Ihnen betteln wollen.

Calender. Betteln! Ihr seyd also sehr kahl?

Osmin.

Osmin. So kahl, daß ich heute Mittag keinen Bissen zu essen habe. Aber ich bin deswegen nicht stolzer als Sie, und ich hoffe, wenn ich nur die Hand ausreiche, so werde ich bald so viel erworben haben, daß ich dafür meinen Zähnen Arbeit verschaffen kann. In einer so volkreichen Stadt, wie diese hier ist, müssen die Bettler ihren Unterhalt leicht finden.

Calender. Könnt ihr denn gar nichts arbeiten?

Osmin. O! ja. Ich kann für viere essen und trinken.

Calender. Dieß heißt doch noch etwas. Es dünkt mich, man wird bey euch nicht melankolisch.

Osmin. Das wäre, mein Seele, vollends recht, wenn man bettelarm ist, und man wollte oben darauf noch verdrüßlich dabey seyn. O! die Natur ist viel klüger, als so. Sie hat die Fröhlichkeit gerade dem Elende zur Gefährtinn gegeben. Ich fodere alle Sultane in der Welt heraus, ob einer unter ihnen so lustig und aufgeräumt ist, als ich es bin.

Calender. Bist du verliebt?

Osmin. Davor bewahre mich der Himmel. Ich habe die Weibsleute gern, aber verliebt bin ich in keine.

Calender. Dieß sind sehr viele gute Eigenschaften. Sehr gefräßig, nicht verliebt, ohne Sorgen, sehr faul, und sehr unwissend — Werde ein Calender.

Osmin. Aber da würde ich nicht viel dabey gewinnen. Eure tägliche Kost muß sehr schmal zugeschnitten seyn, weil ihr euch mit Fechtengehen behelfen müßt.

Calender. Ey! mein Freund, ihr seyd wie Jedermann. Ihr schätzt das Holz nach der Rinde.

Arie.

Unser dummer Pöbel meint,
Daß wir strenge leben,
Jeder wird bald unser Freund,
Weil das Ansehn dürftig scheint,
Welches wir uns geben.
Die guten Leute wissen nicht,
Daß es uns an nichts gebricht,
Daß wir recht fürstlich leben.
Die Küche bereichert Geflügel und Wild,
Der älteste Wein hat den Keller gefüllt.
So lebt ein Calender,
Er treibt, als Verschwender,
Was er an andern schilt.

Nun, lustiger Vogel, gesteht ihr mir nicht, daß es klug und fein ist, wenn man allem entsagt, um an nichts Mangel zu leiden? Willst du in unsern Orden?

Osmin. Von Herzen gerne.

Calender. Wenn das ist, so braucht es weiter nichts, als dir unsern Kuttel überzuwerfen. Hurtig, putze dich.

Osmin. (nachdem er das Kleid angezogen) Ich sehe aus, wie ein griechischer Calender.

Calender. Ich wollte so eben dieses Kleid zu einem berühmten Maler tragen, welcher sich auf seiner Reise in Cairo aufgehalten hat, und über die angenehme Lebensart, welche wir führen, so sehr entzückt ist, daß er lieber in unsern Orden treten, als Millionen mit Arbeiten gewinnen will.

Osmin. Das sind die grossen Leute!

Calender. Uebrigens ist er ein vortreflicher Mann, er ist zur Freude geboren. Aber zum Unglücke hat er eine Krankheit am Verstande, die sehr seltsam ist.

Osmin. Was fehlt ihm dann?

Calender. Er ist ehemals in seinem Lande verheyrathet gewesen. Seine Frau machte ihn tolle, und verursachte ihm so viel Verdruß, daß er darüber närrisch wurde.

Osmin. Der arme Teufel!

Calender. Er hat, seitdem er ein Wittwer ist, seine Vernunft wieder bekommen, aber doch nicht so vollkommen, daß ihm nicht noch einige Spur seiner Narrheit übrig geblieben wäre. Wenn man die Worte: Hochzeit, Ehe, oder Heyrathen, vor ihm ausspricht, so überfallen ihn sogleich schwarze Dünste, die ihn ganz rasend machen.

Osmin. (voller Verwunderung) Was sagt ihr da?

Calender. Zum Glücke giebt es noch ein sicheres Mittel, ihn nach einem solchen Anfalle wieder ruhig zu machen. Da er die Ma-

lerey

kerey so sehr liebt, als er seine Frau haßte, so darf man ihm nur von seiner Kunst reden, um ihn zahmer zu machen, als ein Lamm.

Osmin. Das ist sonderbar.

Calender. Nichts ist wunderlicher — Aber, wahrhaftig, ich glaube, da geht er selbst vorbey — Er scheint mit irgend einem neuen Einfalle beschäftigt — Wir wollen ihm zuhören.

Dritter Auftritt.

Schwindel, der Calender, Osmin.

Schwindel. (macht Verdrehungen des Leibes, als wenn er malte; er hat einen Pinsel, Bleystifte und Papier in der Hand) Ha! meine Freunde, seyd ihr da? Seyd Zeugen meines Ruhmes. Ich habe auf ewig die Fessel zerbrochen, welche mir dieses buhlerische, leichtsinnige, ungetreue, meineidige und boshafte Geschlecht angelegt hatte. Ich bin ein Cato, ein Socrates, ein Raphael, ein Guido, ein Coreggio, ein le Brun, ein Poussin, ein van Dyck, ein Teniers, ein Albani, ein Rubens, ein Erdgeist, ein Wassergeist, ein Sylph, ein Salamander, mit einem Worte, ein übernatürliches Wesen.

Die Pilgrime von Mecca,

Arie.

Welch ein himmlisches Feuer hat mich itzt ganz begeistert,
Meinen Pinsel regiert des Himmels lichter Stral.
Wie Prometheus, der einst des Olymps sich bemeistert,
Und mit muthiger Hand dem Zevs die Fackel stahl.
Laßt andre nur auf der Erde pralen,
Spitzt Nas und Ohr,
Und schaut hervor,
Die Wirkung des Donners zu malen,
Schwing ich mich zum Himmel empor.
Welch ein himmlisches Feuer hat mich itzt ganz begeistert, ꝛc.

Lebt wohl, meine lieben Freunde, lebt wohl, ich schwinge mich zum Himmel empo = = o = r. (Er macht eine Art von Cadenz auf dem O des Wortes empor, und geht wieder hinein mit der Bewegung eines fliegenden Vogels.)

Vierter Auftritt.

Der Calender, Osmin.

Calender. Nun, Bruder, was sagt ihr von ihm? Ihr werdet gestehen, daß es wenig Maler giebt, die närrischer sind, als dieser hier. Er ist vortreflich für die Gesellschaft. Wir lachen gerne, und ein solcher Mensch, wie ihr einen an ihm seht, wird dasjenige recht wohl ver=

verdienen, was es uns kosten möchte, ihn zu erhalten.

Osmin. Wenn nur seine Krankheit nicht ansteckend ist, dann sollte es mir lieb seyn, wenn er in unsere Gesellschaft aufgenommen würde.

Calender. O! ihr habt noch nicht alles gesehen. Noch ehe zwo Stunden vergehen, wird er euch ein weit vollkommners Vergnügen verschaffen. Macht euch nur gefaßt, recht herzlich zu lachen.

Osmin. Nun, entdeckt mir auch die Geheimnisse und die Pflichten eines Calenders.

Calender.

Arie.

Wir lassen unser Schellchen klingen,
Klingkling, kling, kling, klingling, kling,
kling.
Und es ertönt, wenn wir dabey singen,
Klingkling, kling, kling, klinkling, kling,
kling.
Rufen noch das Illah! Illah, ah!
Dann ist die ganze Kunst schon da.
Um bequem stets zu leben,
Braucht man uns nichts zu geben,
Als nur dies kleine Ding.
Klingkling, kling, kling, klingkling, kling,
kling.

Ihr seyd schon im Stande, eure Laufbahne anzufangen. Seht, hier ist unser Lied schriftlich aufgesetzt. Geht nun durch die Stadt. Je lau-

lauter ihr schreyen werdet, desto besser wird sich die Sparbüchse dabey befinden.

Osmin. So? Illah! illah! ah! Ist es so recht?

Calender. Vortreflich. Heute Abend werdet ihr euch in unserem Caravane-Serail einfinden, welches ihr hier am Ende dieser Straße linker Hand sehet. Ich habe die Aufsicht darüber, und ich empfange daselbst alle Reisenden, welche durch Cairo nach Mecca gehen.

Osmin. Ich werde mich unfehlbar einfinden. Aber, wartet. Hier kömmt mein Herr. Ich möchte gern, daß ihr mich an ihm den ersten Versuch meines Calenderstandes machen sähet.

Fünfter Auftritt.

Ali, Osmin, Calender.

Ali. (ohne den Osmin zu erkennen) Ich sehe den Osmin nicht hier.

Osmin. (geht dem Ali entgegen, läßt sein Schellchen klingen und schreyt dabey) Illah! illah, (leise zum Calender) Sagt mir doch das Lied heimlich vor.

Calender. (sagt ihm das Lied vor)
Castagno, castagna,
Pilla, fanache.

Osmin.
Castragno castragna,
Fara pistache.

Ca=

Calender. Der dumme Esel!

Ali. (bey Seite) Aber, ich glaube, es ist der Osmin.

Calender. (fährt fort, dem Osmin das Lied vorzusagen.)
Rimagno, rimagna,
Mousti, limache.

Osmin.
Rimano, rimana,
Tirli, moustache.

Ali. Ha! bist du es, Osmin?

Osmin. Ich bin es leibhaftig. Ich halte Ihnen meine Sparbüchse nicht vor, dieß wäre vergebliche Mühe.

Ali. Was willst du denn mit dieser Verkleidung?

Osmin. Dieses Kleid ist ein Verwahrungsmittel wider den Hunger.

Calender. (erkennt den Ali) O Himmel! wie wunderbar!

Ali. Was will dieser Mensch mit mir? Warum betrachtet er mich so aufmerksam?

Calender. (bey Seite) Er ist es wirklich. Es ist der Prinz von Balsora. (zum Ali) Erlauben Sie, daß ich mich Ihnen zu Füssen werfe.

Ali. Wer seyd ihr?

Calender. Ich bin der Sohn eines Zolleinnehmers von Balsora. Ein gewisser Vorfall, welchen mich die Klugheit verschweigen heißt, machte mich mein Vaterland verlassen, kurz nachdem Sie die Flucht ergriffen hatten, um sich

vor

vor der Wuth Ihres Bruders zu retten, der so eben den Tron bestiegen hatte.

Ali. (legt die Hand auf seine Augen, um seine Thränen zu verbergen) Ach! möchte es dem Verhängniß gefallen, mir keinen andern Kummer vorzubehalten, als jenen, den mir der Ehrgeiz meines Bruders verursacht hat.

Calender. Dürfte ich wohl fragen, Herr, was für ein anderer Kummer Ihr Herz kränken kann?

Ali. Könnt ihr an dem Schmerze, der mich quälet, eine unglückliche Liebe verkennen?

Calender. Ich weiß ein Mittel dafür. Ein Nagel treibt den andern fort, sagt man, und vielleicht wird eine neue Neigung Sie von der alten heilen.

Ali.

Arie.

Nie wirst du den Ali untreu sehn,
Du, holdes Kind, das ich verehre,
Dein sanfter Reiz ist viel zu schön,
Als daß seinen Sieg fremder Schönen Schimmer störe.
Und stünde selbst die Venus hier,
Mich durch den Reiz der Gestalt zu entzünden;
O! Rezia! du würdest, glaub es mir,
Bald die Göttinn überwinden.
Nie wirst du den Ali untreu sehn, ꝛc.

(Ali kehret nach dem Grunde der Bühne zurück, geht unruhig auf und ab, bleibt wieder stehen und

und setzt sich endlich auf eine steinerne Bank, während welcher Zeit Osmin und der Calender das Gespräch fortsetzen.)

Osmin. (zu dem Calender.) Weil ihr doch so neugierig seyd, unsere Unglücksfälle zu wissen, so will ich euch solche erzählen. Es ist die Verrichtung der irrenden Stallmeister, die Begebenheiten ihrer Herren vorzutragen. Wisset also, daß mein Herr, der Prinz Ali, nachdem er an den Hof des Sophi geflüchtet war, daselbst in die Prinzessinn Rezia verliebt wurde.

Calender. Ohne Zweifel gefiel er ihr?

Osmin. Freylich. Niemals ist eine Liebe mit einer vollkommnern Gegenliebe belohnt worden. Unsere ganze Verlegenheit bestund darinn, uns unsere Liebe zu Nuze zu machen.

Calender. Dieß war nicht leicht. Denn ihr erwartetet wohl keine Wechselbriefe von Balsora?

Osmin. Nein, aber anstatt klingender Münze hatten wir einen wohlgewachsenen Leib, ein artiges Gesichtchen und ein Mundstück, wie ein Papagey. Das ist besser, als baar Geld.

Calender. Ich bin nicht völlig eurer Meinung. Weiter.

Osmin. Die Sachen giengen vortreflich. Mein Herr hatte sich bey dem Sophi fast eben so beliebt gemacht, als bey dessen Tochter. Die Hoffnung, ihre Hand zu erhalten, nahm mit jedem Tage zu, als ein verdammter Nebenbuhler uns ins Gehege kam.

Ca-

Calender. Dergleichen Wildschützen findet man überall.

Osmin. Wir waren dem Ende fast nahe, als der Mogol in eigener Person kam, um die Prinzeßinn anzuhalten.

Calender. Der Mogol! ey! ey! ey! Man fand ohne Zweifel, daß er besser aussah, als euer Herr?

Osmin. Ja, der Sophi fand es so; aber seine Tochter verstand sich besser auf die Gesichter. Während dem also der Monarch mit seinen Ministern Anstalten zur Hochzeit der Prinzeßinn machte, so machten wir mit ihr Anstalten zu ihrer Entführung.

Calender. Ohne Zweifel wurde Euer Vorhaben entdeckt?

Osmin. Gar nicht. Um der Rezia allen Zweifel zu heben, so fieng mein Herr damit an, daß er sie insgeheim heyrathete. Man kann es doch nicht abschlagen, seinem Manne zu folgen. Also zogen wir zween Tage vor der Hochzeit des Mogols in der Stille aus Ormus ab. Ein Schiff, dessen wir uns versichert hatten, erwartete uns an dem Ufer des Meeres. Diese bestellte Zusammenkunft hatte für uns die leidigsten Folgen.

Calender. So geht es gewöhnlich in den Romangeschichten.

Osmin. Wir hatten uns am ersten daselbst eingestellet. Nachdem wir zwo Stunden gewartet hatten, ohne die Prinzeßin kommen zu sehen,

sehen, entschlössen wir uns, nach der Stadt zurück zu kehren, und ihre Ankunft zu beschleunigen.

Calender. Euer Vorhaben war entdeckt Sie konnte nicht fortkommen. Nicht wahr?

Osmin. Nichts weniger, als dieß. Sie war vielmehr glücklich entflohen. Aber indem wir sie auf der einen Seite suchten, kam sie auf der andern an. Sie schickte eilends einen Sklaven an uns ab, um uns zurück holen zu lassen. Dieser kam zu uns und wir eilten nach dem Ufer zurück.

Calender. Nun wart ihr abgesegelt?

Osmin. Noch lange nicht. Wir blieben, und zwar durch eine besondere Begebenheit, wie ihr gleich hören werdet. Kaum war die Prinzessinn in das Schiff gestiegen, als der Schiffshauptmann, der nur ein schelmischer Seeräuber war, an welchen sich mein Herr unbesonnener Weise gewandt hatte, abfahren hieß, so daß uns von der Entführung nichts, als die Mühe übrig blieb, der Spitzbube zog den Nutzen.

Calender. Das konnte kein Muselmann seyn, das war gewiß ein Jude.

Osmin. Wir sahen die Prinzessinn noch, welche sich auf dem hintern Theile des Schiffes befand. In unsrer Verzweiflung würden wir dem Schiffe wohl gefolgt seyn, aber mein Herr kann nicht schwimmen und ich auch nicht. Für uns war es nicht sicher nach Orinus zurück

zurück zu kehren. Längst dem Ufer erreichten wir den nächsten Haven. Wir fanden ein nach Egypten bestimmtes Schiff; es dünkte uns, der Seeräuber hätte diesen Weg genommen. Wir schifften uns ein, und da hieß es: Wind bloß in die Segel.

Calender. Es ist hohe Zeit, daß ihr ankommt. Aber man muß den Reisenden lange Erzählungen verzeihen.

Osmin. Nachdem wir beynahe zwey Jahre lang das Meer durchsegelt hatten, ohne weder die Prinzeßin noch den Seeräuber anzutreffen, so waren wir endlich dieser Fahrt müde und nahmen den Entschluß, uns tief in das Land hinein zu wagen. Wir haben noch keine andre Linderung unsers Kummers erfahren, als aus vollem Halse zu fluchen, ich wider die Liebe, und mein Herr wider die Kapers. Wir wünschen sie hundertmal des Tages zum Teufel und damit erleichtern wir uns.

Calender. Dieß ist eine sehr rührende Geschichte.

Osmin. O! ich bin immer sehr beweglich und nachdrücklich in meinen Erzählungen gewesen. Nun sind wir endlich in Cairo; wir haben weder zu beißen noch zu brocken und haben keine gewisse Wohnung, wie die Landstreicher. (zu dem Ali, welcher sich gleichsam aus Zerstreuung genähert hat) Frisch, mein lieber Herr, in dem äussersten Elende muß man heftige Mittel ergreifen. Werden Sie auch ein Calender

Ali.

Ali. Ich ein Calender werden!

Osmin. Wenn man im Falle ist Hungers zu sterben, macht einen der Stolz nicht satt.

Ali. Nun! was schadet mir der Tod. Ich bin zu unglücklich, um die Verlängerung meines Lebens zu wünschen.

Osmin. Romanenmoral! weiter nichts. (zum Calender) Geht nur, laßt ihn reden, was er will. Ich will ihn heute Abend zu euch mitbringen. Sorgt nur, daß man ihm ein Kleid bereit halte.

Calender. Darauf könnt ihr euch verlassen.

Sechster Auftritt.

Ali, Osmin.

Ali. Aber was denkst du denn, daß du mich mit Bettlern in Gemeinschaft bringen willst?

Osmin. O! distinguo. Die Calender sind keine arme Philosophen, sie sind philosophische Bettler.

Siebenter Auftritt.

Ali, Osmin, Balkis, Banu.

Banu. (in dem Grunde der Bühne, leise zur Balkis, indem er ihr den Ali zeigt) Der den ihr hier bey diesem Calender seht, der ist es.

Balkis. Gut. Ich will ihn anreden. (zum Ali)

Arie.

Arie.

O! schönster Mann, dich, Fremdling, führt die Liebe
Und ein dir unbekannt Geschick
An diesen Ort zu deinem Glück.
Hier fühlt, gerührt durch deinen Blick,
Die Sultaninn der Sehnsucht Triebe.

Osmin. O! welche glückliche Begebenheit!

Balkis.

Die Schöne, die dir gerührt,
Ist zu schwach zur Gegenwehre,
Sie, die des Sultans Herz regiert.
Freund! dieser Sieg bringt dir viel Ehre.

Osmin. Herr, wir wollen uns diese Gelegenheit zu Nuze machen.

Balkis.

Hier hinter den Gegittern
Sah sie dich;
Schnell fieng sie an zu zittern,
Und fürchtete sich.
Zärtlich seufzend sah sie dir nach,
Sie schrie und sprach:
Ach! ach!
Wie wird'es mir;
Ach! er ist's, ich seh ihn ja hier.

Ali. Du willst meiner spotten, mein Kind. Wenn auch dieses, was du sagst, wahr wäre, was würde mir es helfen, von einem Frauen-
zim-

zimmer geliebt zu werden, die in dem Serail eingesperrt ist?

Balkis. O! diese, von welcher ich rede, genießt eine grosse Freyheit. Der Sultan fällt ihr nicht mit dem mindesten Zwange beschwerlich. Gestern hielten Sie sich unter den Gegittern ihrer Fenster auf. Sie wieß Sie mit dem Finger einem ihrer Sklaven und befahl ihm, Ihnen nachzugehen. Zu gleicher Zeit erhielt ich den Befehl, das Haus für Sie zu miethen, welches Sie hier sehen, und von welchem ich Ihnen die Schlüssel hiermit überreiche. Hier wird dieses Frauenzimmer Sie besuchen, und den Weg dazu durch eine geheime Thüre im Serail nehmen.

Osmin. Glauben Sie mir, mein lieber Prinz, schlagen Sie Ihr Glück nicht aus. Gehen Sie in dieses Haus.

Ali. Ich kann mich nicht dazu entschliessen.

Osmin. O! zum Henker, ich will hineingehen, ich. Geben Sie mir die Schlüssel. Ich bin neugierig zu sehen, was darinn vorgeht. (Balkis giebt ihm die Schlüssel.)

Achter Auftritt.

Ali, Balkis.

Balkis. Nun, Herr, warum folgen Sie ihm nicht nach? Schickt es sich wohl für einen Cavalier, wie Sie sind, daß er ein so höfliches

Anerbieten, wie meiner Herrschaft ihres, ausschlägt? Hören Sie, lassen Sie einem eigensinnigen Einfalle keine Zeit zu Ihrem Schaden. Man würde vielleicht kaum seine Meinung geändert haben, so möchte es ihnen leid seyn.

Arie.
Duo.
Alt.

Sieh, wie mein Herz sich durch bittern Vorwurf kränket,
Wenn es die Huld deiner Sultaninn bedenket,
Doch es ist schon anderwärts verschenket,
Diese Bande bricht es nie.

Balkis.

Eine Schöne zu lieben, so lang sie euch rührt,
Doch, sie zu vergessen, wenn ihr sie verliert,
Dieß ist ja die Regel für euer Geschlecht,
Dieß ist ja recht, ganz recht.

Alt.

Sieh: wie mein Herz sich durch bittern Vorwurf kränket,
Wenn es die Huld deiner Sultaninn bedenket,
Doch, es ist schon anderwärts verschenket,
Diese Bande bricht es nie.

Balkis.

Liebt, Frembling, und glaubet,
Euch ist es erlaubet,

Die Prinzeſſin iſt ſchön,
Und ihr wollt ſie verſchmähn?
Nein, nein, liebt ſie, denn ſie iſt ſehr ſchön,

Ali.

Nein, nein, ich liebe nicht mehr,
Man hat mir meine Prinzeſſinn geraubet,
Nein, nein, ich liebe nicht mehr,
Ihr Verluſt kränkt mich zu ſehr.

Neunter Auftritt.

Die Vorigen, Osmin. (kömmt und hat den Mund voll Eſſen; er hält in der einen Hand eine Bratwurſt, in der andern ein Stück Brod.)

Arie.

Trio.

Osmin.

Geſchwind kommen Sie in dieß Haus mit herein,
Mann kann nirgends beſſer und luſtiger ſeyn,
Man wird für Sie decken,
Es wird Ihnen ſchmecken.

Balkis.

Dieß Haus, dem Kunſt und Pracht
Ein fürſtlich Anſehn macht.
Iſt Ihnen zugedacht.

Osmin.

Kehren Sie hier ein,
Hier ist guter Wein,
Pasteten, junge Hahnen,
Kapaunen; Fasanen;
O! da muß man nicht den Magen vergessen.

Ali.

Lümmel, sprichst du mir immer nur vom
Fressen?

Balkis und Osmin.

Hinein, hinein.

Ali.

Nein, es kann nicht seyn.

Balkis.

Ach! er thut es nicht.

Osmin.

Was gilts? es geschieht.

Balkis.

Ach! er thut es nicht.

Ali.

Nein, es kann nicht seyn.

Osmin.

Was gilts? es geschieht,
Denn er muß doch etwas essen.

Ali.

Ali.
Nein, es kann nicht seyn.

Balkis.
Ach! er thut es nicht.

Osmin.
Was gilts? es geschieht.

Ali.
Nein es kann nicht seyn.

Balkis.
Herein, nur herein.

Osmin.
Ja, er muß herein.

Ali.
Geh, laß mich, du Bärenhäuter.

Balkis und Osmin.
Fort, fort, immer weiter,
Herein, herein.

Ali.
Nein, es kann nicht seyn.

Balkis und Osmin.
Nur herein, nur herein.

Ali.

Ali.

Nein, es kann nicht seyn.

(Osmin zieht den Alten bey seinem Kleide und wird ungeduldig, daß er nicht gehen will, endlich trägt er ihn auf seinen Schultern fort.)

Ende des ersten Aufzuges.

Zweyter Aufzug.

(Die Schaubühne wird verändert, und stellt einen grossen Saal in indianischem Geschmacke vor. Man sieht auf Tischen Erfrischungen; Osmin füllt seinen Mund und seine Taschen damit an.)

Erster Auftritt.

Ali, Osmin.

Osmin.

Nun, Herr, was sagen Sie davon? Wird eine so höfliche Aufnahme Ihr Herz undankbar finden?

Ali. Sobald ich das Frauenzimmer sehen werde, will ich ihr für ihre Güte danken.

Osmin. Sie wollen sich dafür bedanken, sagen Sie? Ey, nicht doch, nicht doch. Aber, welche Reize erblicke ich! Sehen Sie, hier ist sie, ohne Zweifel.

Zweyter Auftritt.

Ali, Dardane, Osmin.

(Dardane kömmt, auf Sklaven gelehnt, mit langsamen Schritten.)

Osmin. (leise zum Ali, nachdem Dardane ihren Schleyer abgezogen hat) Herr, hem! — hier — Was halten Sie von unserer Wirthinn?

Ali. Sie ist sehr reizend.

Dardane.

Arie.

Schönster Prinz, noch glaub ichs kaum,
Sie erschienen mir im Traum,
Ich sah Sie zärtlich vor mir flehn.
Ach! wo ist der Traum geblieben?
Wollten Sie, Sie könntens frey gestehn,
Wollten Sie wohl mich lieben?

Ali. Nichts ist rühmlicher für mich, als das Anerbieten eines Herzens, wie das Ihrige ist. Aber nichts kann mich zur Liebe bewegen. Meine Seele wird von einer unüberwindlichen Schwermuth verblendet, und kann Ihnen die Gerechtigkeit nicht so wiederfahren lassen, wie meine Augen.

Arie.

Schönste, Ihr Reiz kann den Reiz besiegen,
Womit die Rose prangt, die im Frühling
blüht,

Jene Majestät stralt in Ihren Zügen,
Die durch Aurorens Glanz an dem Horizonte
glüht.
Mein Herz kann sich nicht mehr verbinden,
Es geht keine neue Bande ein;
Könnte man es überwinden,
Würd es gantz allein
Ihnen seyn.
Schönste, Ihr Reiz kann den Reiz besiegen, ꝛc.

Darbane. Wissen Sie wohl, mein Prinz, daß Sie die Kunst, die Eitelkeit eines Frauenzimmers zu reizen, auf die allerhöflichste Art verstehen. Aber ich habe ein gutes Herz, und ich will Sie aus dem Irrthume ziehen. Sie halten mich für diejenige, welche Sie liebt. Trösten Sie sich. Ich bin nur eine ihrer Sklavinnen.

Osmin. Ist es möglich?

Ali. Sie sind sehr listig. Wozu denn diese Verstellung?

Darbane. Sie sollen es erfahren. Uebrigens werfen Sie mir meine List nicht vor, Sie haben mich genug dafür bestraft.

Arie.

Der, so ich diene,
Schwur ich, mich zu bemühn,
Daß ich mich erkühne,
Ihr Herz zu entziehn;
Doch wenn gleich Ihr Stolz mir itzt alle Hoffnung benimmt,

So hat doch der Gott der Liebe einst diesen
                          Sieg bestimmt
Der, so ich diene.

Sie werden sie bald hier sehen. Sie werden eine Schöne finden, die Ihnen antworten kann: Hier kömmt sie, ich verlasse Sie.

Dritter Auftritt.

Amine, Ali, Osmin.

Osmin. (zum Ali) Wahrhaftig, Herr, ich glaube, sie hat Recht. Dieß ist ein Gesichtchen, das zum wenigsten eben so artig ist, als jenes, welches Ihnen der Kaper weggeschnappt hat.

Ali. Flegel, es steht dir wohl zu, solche Vergleiche anzustellen.

Amine. Wie! Prinz Ali! ein Frauenzimmer kömmt Ihnen so gefällig entgegen, und Sie nehmen ihr Verfahren so übel auf? Dieß heißt mir einen schlechten Begriff von Ihrer Höflichkeit geben. Weder die Liebe noch die Treue geben einem galanten Herrn das Recht, wider die Hochachtung zu fehlen, die er dem schönen Geschlechte schuldig ist.

Ali. Ach! vergeben Sie mir. Sie sollen befriedigt werden, wenn Sie nichts weiter als Höflichkeit von mir fodern.

Aminé.

Arie.

Ich suche vor allen,
Dieß glauben Sie mir,
Ihnen zu gefallen,
Dieß wissen nur wir.
Bät ich Sie sehr, mein zu seyn:
Sagten Sie wohl, nein?

Ali. Ach!

Aminé.

Ach! reden Sie von Herzen,
Kein Vorwurf wird mich schmerzen.
Nicht wahr? man muß gestehn,
Meine Züge sind wirklich sehr schön.

Man sagt, daß Sie sich einbilden, Herr, es wäre kein Gegenstand auf der Welt fähig, Ihnen die Geliebte zu ersetzen, die Sie verloren haben. Ein so seltsamer Eigensinn ist meiner Neugierde würdig.

Ali. Sie können dieselbige befriedigen. Aber, so schön Sie sind, scheint es mir nicht, daß meine Treue Ihnen sonderbar vorkommen sollte.

Aminé. Wenn mich ein Treuloser aus Eigensinn und Unbeständigkeit verliesse, so würde es mich verdrüssen, ich gestehe es. Aber wenn irgend ein Zufall mich von meinem Geliebten trennte, und er die Hoffnung verloren hätte, mich wieder zu sehen; so würde ich ihm kein Verbrechen daraus machen, wenn er meinen Verlust ersetzt hätte.

Ali.

Ali. Sie ſchmeicheln ſich alſo nicht mit dem Gedanken, einen ſehr lebhaften Eindruck auf die Herzen zu wirken, welche Sie feſſeln? Was mich betrift, ſo kann ich nicht begreifen, wie man wieder jemand anders lieben könne, wenn man zuvor eine ſo ſchöne als hochachtungswürdige Perſon geliebt hat. Der Vergleich ſchadet immer den Gegenſtänden, welche ſich einem Herzen darſtellen, das ſo ſehr zum voraus eingenommen iſt, als das meinige.

Amine. Aber dieſes Compliment iſt zum wenigſten nicht ſehr höflich.

Ali. Es kann ſeyn; aber Sie müſſen es mir verzeihn, weil die Ehre es eingab.

Amine! (aufgebracht) Sie glauben es?

Ali.

Arie.

Bis einſt der Tod den Geiſt vom Leibe trennt,
Feuchten ſtets mein Aug banger Schwermuth
　　　　　　　　Thränen;
Dieß Herz, ſo noch getreu vor Liebe brennt,
Kann nicht undankbar ſeyn, und ſich
Zu einem andern Gegenſtand gewöhnen.
Nein, mein Herz muß ich Ihnen verſagen;
Ach! kennten Sie den Kummer, der mich
　　　　　　　　quält,
Mich, dem das Ziel ſeiner Wünſche fehlt,
Mein allergrößtes Glück, die Quelle meiner
　　　　　　　　Klagen!

Ami-

Amine. Wahrhaftig, Herr, man kann nicht mehr von Ihren erhabnen Seufzern erbaut seyn, als ich es bin. Der zärtliche Coridon hat die Reize der Amarillis niemals besser besungen; niemals hat er die Leyer besser gespielt, als Sie. So gehen Sie denn, getreuer Schäfer, beklagen Sie sich bey dem Echo in diesen Wäldern über die Strenge Ihres Schicksals. Krönen Sie sich mit Myrthen und Cypressen und machen Sie alle diejenigen, welche die Geduld haben werden, Sie anzuhören, vor Lachen und Langerweile sterben. Aber, aber, ein Verliebter von Ihrer Art ist aus dem goldnen Zeitalter. Das war also eine ungeheure Schönheit, Ihre Rezia?

Ali. Ich darf ihnen nicht sagen, wie liebenswürdig sie war. Ich würde Sie dadurch beleidigen.

Osmin. (bey Seite) Man wird uns zur Thüre hinauswerfen.

Amine. Das heißt also, Herr, soviel, als: Sie können mich nicht lieben.

Osmin. Ach! Sie legen es übel aus. Sehen Sie nicht, daß Sie in diesem Augenblicke in seiner Seele mit seiner ersten Liebsten völlig zusammengeleimt werden?

Amine. Je nun; ich trete ihr den Sieg ab. Leben Sie also wohl, kleiner Undankbarer. Ha, ha, ha, ha!

C Arie.

Arie.

Ich weiß nicht, was Sie itzt dachten,
Mir meine Schönheit zu verachten,
Doch nur Gedult, und glauben Sie dieß,
Ha, ha, ha!
Meine Herrschaft rächet mich gewiß.
Ha, ha, ha!
Wie? wenn ich prophezeihte,
Daß diese Prinzessinn noch heute
Ihr hartes Herze zärtlich macht?
Ha, ha, ha!
Dann wird Ihr Stolz zu Grunde gehen,
Ja, ja, da will ich sehen,
Wer von uns beiden lacht.
Ha, ha, ha!

Osmin. Wer Teufels hätte sich diesen Spaß vermuthen sollen! Sie sind also auch nur eine Sklavinn?

Amine. Ja, allerdings.

Osmin. Wahrhaftig, die Sache wird auch ein wenig zu närrisch. Sagen Sie mir, schönes Kind; ich bin, meines Orts, kein solcher Held, wie mein Herr. Es giebt kein Herz das mehr auf den gewöhnlichen Schlag ist, als das meinige. Wenn Sie ungefehr ein solches suchen: so dürfen Sie nur reden.

Amine. O! ich halte dich für eben so gemein, als dein Herr seltsam ist, und ich liebe diese beyden Ausschweifungen nicht. Prinz Ali, wir wollen eine kleine Wette anstellen.

Ali. Nun, worüber?

Amine. Ueber Ihren Kaltsinn. Ich wette, daß er wider die Reize meiner Gebieterinn nicht Stand halten wird.

Ali. Ich besitze viel zu viel Redlichkeit und Lebensart, als daß ich auf etwas wetten sollte, wovon ich gewiß versichert bin.

Amine. Ich bin von meiner Sache viel gewisser versichert, als Sie von der Ihrigen. Wir wollen sehen. Indessen wünsche ich Ihnen einen guten Tag. (indem sie zurück kömmt) Sie haben wohl gethan, daß Sie nicht gewettet haben. Ha, ha, ha! (sie geht ab)

Vierter Auftritt.

Osmin, Ali.

Osmin. Die Sultaninn hat uns zum besten. Ich glaube, sie will alle Püppchen aus dem Serail vor uns die Musterung halten lassen.

Ali. Allem Ansehen nach will sie spaßen. Aber wir können auf unserer Seite über sie lachen.

Osmin. Wahrhaftig, ich fange in allem Ernste an, mich zu fürchten. Ich habe grosse Lust, mein Calenderkleid wieder anzulegen, welches ich an den Nagel gehängt hatte.

Ali. Thu, was du willst.

(Osmann geht bis an die Wand der Bühne, aus welcher Rezia herkommen soll. Er kömmt mit grossem Geschrey zurück.)

Arie

Arie.

Duo.

Osmin.
Ach! ach! ach! welch ein Wunder!

Ali.
Was schreyst du so? was giebt es da?

Osmin.
Triumph! Triumph! Victoria!
O! wüßten Sie, was ich itzt sah!

Ali.
Ich schlage dich noch lahm und krumm.

Osmin.
Mich schlagen, und warum?

Ali.
So sprich, und stell dich nicht so bumm.

Osmin.
Nun ist Ihr Kummer geendet;
Wenn uns nicht der Teufel blendet
Mit seinen Zaubereyn.

Ali.
Du wirst mirs doch noch offenbaren;
Was ist dir denn itzt wiederfahren?

Osmin.
Wissen Sie, was mich so rühre?
Sehn Sie nur an jene Thüre.
Sehn Sie doch; wer wird dieß seyn?

(Rezia erscheint, Osmin geht ab.)

ein Singspiel.

Fünfter Auftritt.
Ali, Rezia, Balkis.

Arie.

Duo.

Ali.
Was seh ich?
Du bists, du, Seele meines Lebens?

Rezia.
Ach! Ali, seh ich dich?
Ich bin es ja, kennst du mich?

Ali.
Wie? Rezia? bist du es? seh ich dich?
So hofft ich denn doch bisher nicht vergebens?

Rezia.
Ach! Ali, seh ich dich?
Ich bin es ja, kennst du mich?

Ali.
Wie? Rezia? ja, du bists; seh ich dich?

Rezia.
Ich bin es; kennst du mich?
Mein Herz fühlt itzt die reinsten Freuden.

Ali.
Ach! täuscht mich nicht ein bezauberter Blick?
So will denn doch das Glück
Uns nicht auf ewig scheiden?

Rezia.
Mein Ali blieb getreu;
Nun wird unsre Liebe neu.

Ali. (küßt ihr zärtlich die Hand) Ach! liebe Rezia, welche Leiden hat mich mein Irrthum gekostet!

Rezia. Mein lieber Ali, ich bin mit Ihrer Treu zufrieden.

Ali. (lächelnd) Sie haben dieselbe, wie mich dünkt, ziemlich stark auf die Probe gesetzt.

Rezia. Ich gestehe, daß ich nicht allzubillich gewesen bin, da ich von Ihnen Beständigkeit für eine Person gefodert habe, die Sie nicht mehr wieder zu sehen glaubten.

Arie.
Ohn einger Gegenliebe Schein
Kann keine Liebe beständig seyn,
Sonst wär die Liebe nur für Thoren.
Hätte dein Herz der Leichtsinn verführt,
Und andrer Reiz dich gerührt,
Hätt ich dein Herz verloren,
Dann hätte mich nur die Rache regiert,
Die hätt ich dir geschworen.
Hätt ich dein Herz verloren,
Hätte dein Herz der Leichtsinn gerührt
Und verführt,
Dann hätte mich nur die Rache regiert,
Die hätt ich dir geschworen.

Ali. Dann würde ich verdient haben, Sie auf ewig zu verlieren. Aber ich bitte Sie, befriefriedigen Sie meine Neugierde. Welch glückliches Schickſal giebt Sie meiner Zärtlichkeit wieder zurück?

Rezia. Der unverhoffteſte Zufall und der Geiz des boshaften Seeräubers, der uns getrennt hatte.

Ali. Welchen Schrecken habe ich nicht in dem Augenblicke dieſer grauſamen Trennung ausgeſtanden!

Balkis. Ach! wir erſt! die Steine hätten ſich über uns erbarmen mögen. Aber wir hatten es mit Seeräubern zu thun. Um uns, ſo viel möglich, zu rächen, ſagten wir dem Schiffshauptmanne tauſend Grobheiten. Wiſſen Sie, was er uns darauf antwortete? Er bot uns ſeine Tabakspfeife dar und ſang darbey: „Weinet nicht, meine Kinder, ſeyd ru„hig, Euch wird kein Leid geſchehen." Ach! wäre er nur kein Seeräuber geweſen, wie wollte ich ihm das Geſicht zerkratzt haben. Aber die Kerls ſind viel zu grob, als daß Sie die Nägel eines Frauenzimmers höflich ausſtehen ſollten. Wir ſetzten den Beleidigungen des Böſewichts die Verachtung, und unſern Unglücksfällen den ſtandhafteſten Muth entgegen.

Ali. Aber, wie ſind Sie denn in Cairo angekommen?

Balkis. Weil wir anderswo nicht verkauft worden ſind, und weil wir keine Mittel finden konnten, Ihnen Nachricht von uns zu geben, oder welche von Ihnen zu erhalten. Wir sind gewiß versichert, daß wir sonst an dem heutigen Tage keine Sklavinnen seyn würden.

Arie.

Es wär uns nicht so schlecht gegangen,
Hätt uns der Kaper nicht gefangen.
O! da hätten wir manche Nacht
Viel besser zugebracht.
Nach ausgestandenen Gefahren,
Da macht er uns noch gar zu Waaren,
Und verhandelt — ist dieß Manier?
Uns an den Sultan hier.

Es wär uns nicht so schlecht gegangen ꝛc.

Ali. Liebe Rezia, sollte ich Sie nur darum wieder gefunden haben, um die Verzweiflung, Sie zu verlieren, zum zweytenmale auszustehen? Der Sultan besitzt Sie. Wie kann ich hoffen, Sie aus seinen Händen zu entführen?

Balkis. Erzählen Sie ihm indessen wie es mit uns steht; ich will ein wenig im Serail herumgehen, um zu sehen, was daselbst vorgeht.

(geht ab.)

Rezia. Seyn Sie ruhig, Ali. Die Liebe, welche er gegen mich hegt, hat ihn so sehr unter mein Joch gebracht, daß er mehr mein Sklave, als mein Beherrscher ist. Er versagt meinem Eigensinne nicht das mindeste, und ich hoffe, den Augenblick zu finden, da ich mir seine Gefälligkeit zu Nutze machen kann,

um

um mich seiner Verfolgung zu entziehen. Wir wollen nicht mehr davon reden. Mein Herz will sich itzt mit nichts anders, als mit dem Vergnügen beschäftigen, daß ich Sie beständig getreu wieder gefunden habe.

Arie.

Das Schicksal bringt mich itzt zurück,
Die Liebe siegt, die in uns wohnet,
Uns nur zu sehn, ist schon ein Glück,
Womit der Himmel unsere Flammen belohnet.
Unser Gefühl zeigt sich in leeren Worten nicht,
Die Sprache fehlt, wo Blicke lehren,
Und wenn auch unser Herz in der Empfindung spricht,
Dann wird man doch nur Seufzer hören.

Das Schicksal bringt mich itzt zurück, ꝛc.

Ali. Ich fühle mein Glück zu sehr, meine liebe Rezia, als daß ich nicht zu gleicher Zeit meine Unruhe verdoppelt empfinden sollte. Vielleicht wird der Sultan bald über Ihren anhaltenden Widerstand müde werden.

Rezia. Diesem muß man morgenden Tages schon, durch die Flucht vorbeugen. Wir haben eine schöne Gelegenheit dazu. Achmet verreiste gestern auf die Jagd und soll erst in acht Tagen wieder zurückkommen.

Ali. Sie theilen Ihr ruhiges Vertrauen meinem Herzen mit. Ich sehe nichts anders mehr, als mein Glück.

Sechster Auftritt.

Ali, Rezia, Balkis, Dardane, Amine, Osmin. (welche alle viere, eins nach dem andern, herbey kommen.)

Arie.

Sextett.

Balkis, (kömmt eilends und ausser Athem herein.)

Ach! — wenn — man — euch fände!
Macht nur itzt ein Ende,
Der Sultan ist hier;
Ach! flieht und folget mir.

Rezia und Ali.

Himmel! welch ein Schrecken!

Balkis.

Man wird euch bald entdecken.
Der Sultan ist hier;
Ach! flieht und folget mir,
Er ist zurück gekommen.

Rezia und Ali.

Ach! was hab ich vernommen!
Der Sultan ist schon hier!
Ach! welch Unglück drohet mir!

Balkis.

Ich hab ihn eilends selbst gesehn
In Ihre Zimmer gehn.

Rezia und Ali.

Ist er dahin gegangen?
Was ist nun anzufangen?
Ach! der Sultan ist schon hier!
Ach! welch Unglück drohet mir!

Balkis.

Zornig tobt er, schilt und fluchet,
Da er Sie immer suchet.

Rezia.

Ich weiß nicht, wo ich bin.

Dardane ausser Athem.

Ach! wir sind hin,
Achmet kam — den — Augenblick
Erst von der Jagd zurück.
Ach! er wütet, wie ein Drache,
Und er spricht nur von Mord und Rache.

Ali.

Ach! Himmel! ich bin hin.

Amine, ausser Athem.

Ach! wir sind hin.
Achmet kam den Augenblick
Schon von der Jagd zurück.
Er schwört mit zorngen Blicken,

Euch

Euch eiligst nachzuschicken;
Geschwind sucht fortzugehen.

Balkis, Rezia und Ali.

Ach! wie kann dieß geschehen?
Ich weiß nicht, wo ich bin.

Amine, Balkis, Rezia und Ali.

Ach! wir sind hin. Ach! wir sind hin.

Osmin, kömmt ganz ruhig und stochert sich die Zähne.

Je pfuy! Wie ihr euch quält.
Ihr weinet? Sagt mir, was euch fehlt.

Amine, Dardane, Balkis und Rezia

Ach! man wird uns hier entdecken.
Ich bin todt vor Angst und Schrecken.

Osmin.

Hat man euch vielleicht was gestolen?

Balkis.

Geh, dich soll der Geyer holen.

Rezia und Ali.

Achmet kam den Augenblick
Schon von der Jagd zurück.

Alle.

Ach! wir sind hin. Ach! wir sind hin.

Osmin.

Geschwind sucht fortzugehen.

Ali.

Ali.
Ach! wie kann dieß geschehen?
Rezia.
Ach! wie kann diß geschehen?
Balkis.
Ach! wie kann dieß geschehen?
Ali.
Bist du ein Narr?
Rezia.
Wie kann dieß seyn?
Balkis.
Bist du ein Narr?
Ali.
Wie kann dieß seyn?
Osmin.
Ja, es kann seyn.
Folgt, wohin ich euch führe,
Ihr könnt durch diese Thüre,
Ohn euch viel zu bemühn,
Zu den Calendern fliehn,

Dardane, Ali und Osmin.
Ich muß gestehn,

Amine, Balkis und Rezia.
Ich muß gestehn.

Dardane, Ali und Osmin.

Dardane.	Der Rath ist schön.
Ali.	Der Rath ist schön.
Osmin.	Mein Rath ist schön.

Amine, Balkis und Rezia.

Der Rath ist schön.

Alle.

Kommt, laßt uns gehn,
Fort, fort, fort, fort.
Kommt, laßt uns gehn.

Ende des zweyten Aufzuges.

Dritter Aufzug.

(Die Schaubühne stellt ein Waarenlager des Caravane-Serails vor. Man sieht verschiedne Lastträger, welche damit beschäftigt sind, Ballen zu packen und fortzuschaffen.)

Erster Auftritt.

Ein Oberhaupt der Caravane, Calender, Morachin, ein schwarzer Sklave.

Calender.

Ihr eilet diesmal sehr mit eurer Abreise. Sonst hieltet ihr euch gewöhnlich drey Wochen lang hier auf, und seit acht Tagen, da ihr angekommen seyd, habt ihr an nichts anders als auf das Fortgehen gedacht. Fürchtet ihr euch nicht etwa, es möchte euch in der Wüste etwas übels begegnen? Die Jahrszeit der Streifereyen ist noch nicht vorbey.

Das Oberhaupt. Die Caravane ist stark und wohl bewaffnet. Es haben sich eine Menge Reisender zu uns gesellt, die fest zu Fusse sind, und ein gutes Gesicht haben. Wenn sich die Spitzbuben, die Araber blicken lassen, so sollen

len sie nicht übel empfangen werden. Nun, Bruder, was bin ich euch für Lagergeld schuldig?

Calender. Ich erinnere mich nur allzuwohl an die zwanzig Flaschen Marasquin aus Corfu, die ihr mir bey eurer letzten Durchreise schenktet. Es soll gegen einander aufgehen.

Das Oberhaupt. O! o! grossen Dank. Ihr habt ihn also gut gefunden?

Calender. Ob ich ihn gut gefunden habe! wie schade, daß die Franken davon trinken dürfen! Ein so köstlicher Trank sollte für die Kinder des Propheten vorbehalten seyn.

Das Oberhaupt. Ich will indessen nicht so wohlfeil von meiner Schuld los werden; (leise) und ich bitte euch, ein kleines Fäßchen Wein aus Tenedos anzunehmen, der nicht übel ist.

Calender. (leise) Wahrhaftig, ihr seyd gar zu gütig. Wo ist es?

Das Oberhaupt. Hier in dieser Ecke liegt es.

Calender. Gut. Wir wollen davon kosten.

Das Oberhaupt. Nein, nein. Brechet es nicht an. Ich habe hier eine Flasche davon in meinem Gürtel. Ich wollte mir ihn an dem ersten Rastorte schmecken lassen. Aber, wahrhaftig, wir wollen sie lieber mit einander austrinken.

Calender. Wartet. Nehmt euch in Acht, daß man uns nicht sieht.

Das Oberhaupt. (zu den Arbeitsleuten) Nu, was macht ihr, werdet ihr bald fertig seyn?

Morachin. Hier ist der letzte Ballen, den man fortträgt.

Das

ein Singspiel,

Das Oberhaupt. Gut, beladet die Kameele und macht, daß in einer Stunde alles zur Abreise bereit sey. Frisch, Munter, hurtig.

Calender. Hey! Morachin.

Morachin. Was beliebt? Herr!

Calender. Trage dieses Fäßchen in meine Kammer.

Morachin. (nimmt das Fäßchen) O! wie riecht das so gut!

Calender. Das glaub' ich, wahrhaftig. Es ist ein Wasser, das mit arabischen Gewürzen abgezogen ist, um den Sultaninnen eine heitere Gesichtsfarbe zu geben.

Morachin. O! Herr! wollt ihr mir nicht auch ein wenig davon geben, um mein Gesicht heiter zu machen?

Calender. Spitzbube! wenn du es anrührst, so sey versichert, daß du tausend Prügel bekömmst.

Morachin (im Fortgehen) Der Hagel! die Sultaninnen müssen köstlich stinken. O! wie riecht das so gut! O! wie riecht das so gut!

Zweyter Auftritt.

Das Oberhaupt der Caravane, Calender, (welcher einen kleinen Becher aus seinem Gürtel hervorzieht.)

Calender. Nun sind wir allein. Nun wollen wir uns über die Flasche hermachen

D   Das

Das Oberhaupt. (zieht seinen Becher auch hervor und schenkt ein) Auf eure Gesundheit, Bruder.

Calender. Ihr sollt leben. (nachdem er getrunken hat) Hu! Mahomet war in seinen Erscheinungen nicht glücklicher.

Das Oberhaupt. Gesteht es nur. Wider so etwas hält kein Skrupel Stich.

Calender. Bey meiner Ehre, der Prophet schlägt sein Paradieß zu theuer an. Ich danke dafür. Mein Fäßchen gäbe ich nicht für alle seine Freuden. Noch eins.

Das Oberhaupt. Aha, Bruder, ihr kommt wieder mit dem Becher? Hier.

Calender. Auf eure glückliche Reise.

Das Oberhaupt. (trinkt) Topp.

Arie.

Mahomet dieser dumme Tropfe,
War nicht richtig in dem Kopfe,
Denn der Narr verbot uns den Wein.
Er hielt ihn dem Verstand zuwider;
Doch, nein, er stärket unsre Glieder,
Darum so schlücket ihn hinein.
Ist ein Mädchen noch so spröde,
Ist ihr Herz so hart wie Stein,
O! trinket nur Wein,
Und ihr werdet nicht mehr blöde,
Noch das Mädchen grausam seyn.
Der Wein erfreut der Menschen Herzen,
Er lernt uns weise seyn und scherzen.
So trinkt, so trinkt, so trinkt,
Bis ihr bald zu Boden sinkt.

Schenkt

Schenkt ein, schenkt ein, schenkt ein,
Vom besten Wein.

Calender. Wahrhaftig, Bruder, alle Wahrheiten stehen nicht in dem Alkoran; dieses Liedchen sollte man auch noch hineinsetzen.

Das Oberhaupt. Nun will ich meinen Leuten noch einige wichtige Befehle ertheilen. Ich nehme noch nicht Abschied von euch. Wir werden einander wieder sehen. (er geht ab)

Dritter Auftritt.

Calender allein.

Eine Wohlthat ist doch niemals verloren. Meine Freygebigkeit macht zwar freylich meine Calenders nicht reich. Aber ich bin ihr Vorgesetzter, und mein Vortheil muß vor dem ihrigen gehen. Was würde es helfen, das Oberhaupt anderer zu seyn, wenn man für sich nicht mehr thäte, als für die andern? Was höre ich! —

Vierter Auftritt.

Calender, Ali, Rezia, Darbane, Amine, Balkis, und Gefolg, welche alle eilends kommen.

Ali. Mein Freund, dein Fürst bittet dich um deine Hilfe. Rette uns das Leben, beschütze die zärtlichste Liebe. Ich habe meine liebe

Rezia wieder gefunden, aber in dem Augenblicke, da uns das Glück wieder vereinigt, zerstört es seine Gunst durch eine grausame Begebenheit.

Rezia. Der Sultan kam so eben unvermuthet von der Jagd zurück. Wir suchen einen Schutzort wider seine Wuth und seine Eifersucht.

Calender. Glauben Sie, daß niemand Sie hat hier hereingehen gesehen?

Ali. Nein. Wir haben sorgfältig den Umweg durch abgelegene Strassen genommen; und, da wir aus einem Privathause gegangen sind, welches von dem Serail ziemlich weit entfernt ist, so ist zu vermuthen, daß niemand von des Sultans Leuten weiß, nach welcher Seite wir unsere Schritte gewandt haben.

Calender. Hum! dieß ist ein kitzlicher Handel, und ich setze mich wirklich einer so grossen Gefahr aus, wenn ich Ihre Flucht begünstige—

Rezia. Nehmt diesen Diamant als das erste Zeichen unsrer Erkenntlichkeit an.

Calender. (nimmt den Ring) Großmüthige Seelen haben niemals eine Widerrede zu gewarten. Man muß seinem Nächsten dienen.

Ali. Zähle auf eine noch viel grössere Belohnung, sobald wir nur einmal in Sicherheit seyn werden.

Rezia. Aber glaubt ihr, daß der Sultan uns in diesem Hause nicht wird aufsuchen lassen?

Calender. Nein, nein. Daran wird er gar nicht

nicht denken. Uebrigens, wenn es ihm einfiele, hieher zu schicken, so würde man sich an das blosse Zeugniß eines solchen Mannes, wie ich bin, halten, und Sie stellen sich wohl vor, was ich antworten würde. Da aber ein allzulanger Aufenthalt leidige Folgen für Sie haben möchte, so machen Sie sich die Abreise der Caravane, die bereits beysammen ist, zu Nutzen. Das Oberhaupt derselben ist mein Freund. Sie werden miteinander die nöthigen Anstalten zu einer bequemen Reise überlegen. Ich gehe diesen Augenblick zu ihm, deswegen mit ihm zu reden.

Balkis. Aber, mein Freund, sind wir auch recht sicher hier? — Seyd ihr nicht so ein Mann, der sich verführen lassen könnte? — Es ist nur deswegen — Seht einmal — Wenn man so in der Furcht ist — da weiß man nicht, was man denken soll.

Calender. Ey, ey! Bedenken Sie wohl, was Sie reden? Ein Calender! ey, ey! welch ein Gedanke!

Arie.

Ey! wie sollt ich fähig seyn,
So was zu begehen?
Nein, mein Kind, nein, warlich nein,
Dieß wird nicht geschehen.
Käm mir so was in den Sinn,
Sollt man mich bey den Ohren ziehn,
Alsdann mich ca, alsdann mich pi,
Mich ca, ca, ca, mich pi, pi, pi,

Mich capitalisch schlagen,
Und mich zum Teufel jagen.

Rezia. Wir überlassen uns völlig eurer Klugheit und eurer Redlichkeit.

Calender. Sie lassen mir Gerechtigkeit wiederfahren. (er geht ab)

Fünfter Auftritt.

Rezia, Ali, Balkis, Amine, Dardane.

Ali. Das Vertrauen, welches sein Eifer mir einflößt, verblendet mein Herz in Ansehung der Gefahr, der wir noch ausgesetzt sind. Ich kann an nichts anders denken, als an das Glück, mich bey Ihnen zu sehen.

Rezia. Das Vergnügen, welches ich empfinde, gewähret meiner Seele die nämliche Ruhe. Das Glück, Sie wieder zu sehen, kann nichts anders, als ein für mich glückliches Schicksal, prophezeihn.

Arie.

Komm, Gott der Liebe, komm, uns zu befreyen,
Sieh die Fessel an uns zweyen,
Die dir täglich Opfer weihen,
Diese Bande zerbrich,
Sie beleidigen dich.
Amor! eile, uns zu retten,
O! dann sehn wir, nach diesen Ketten,
Schon unsrer zarten Liebe Lohn.

ein Singspiel.

Das größte Glück ist auf dieser Erden,
Von dem, was man liebt, geliebt zu werden,
Dann tauscht ein Hirt nicht Kronen für seine
Heerden,
Wenn er sich nur das, was er liebt, erhält.
Wenn mein Herz dir nur immer gefällt,
So bin ich viel reicher, als eine ganze Welt.

Komm, Gott der Liebe, komm, uns zu befreyen, ꝛc.

Sechster Auftritt.

Calender, die Vorigen.

Calender. Herr, gehen Sie geschwind. Das Oberhaupt der Caravane erwartet Sie in einem besondern Zimmer. Es möchten ungefehr einige ungelegen hieher kommen, welche Sie stören könnten.

Ali. Kommen Sie, reizende Rezia. Möchte die Liebe eine Reise begünstigen, welche unter ihrem Schutze unternommen wird! (sie gehen ab)

Siebenter Aufritt.

Calender, Balkis, Osmin, (oder darüber dazu kömmt.)

Balkis. Auf solche Art, wie ihr die Sachen einrichtet, kann man wohl hoffen, daß wir mit der blossen Furcht davon kommen werden. Ha! Osmin, bist du da? Nun, haben wir nichts zu befürchten?

Osmin. Die Flucht der Rezia macht einen verteufelten Lärm. Ihr solltet einmal das Geschrey der Zettelträger auf den Strassen hören. Sie schreyen wie wütend: (mit schreyender Stimme) „Hier ist der neue Befehl des Sultans „wegen einem Frauenzimmer, so aus dem Se= „rail entflohen. Kostet einen Heller. Kostet ei= „nen Heller.„ (in einem veränderten Tone) „Kauft „meinen letzten Zettel. Zehn tausend Zechinen, „in baarem Golde, für einen Heller. Sie sind „alle wohl gezählt. „ Kurz, sie machen einen Lärm, wie alle Teufel.

Calender. Ihr hättet aus Neugierde einen von diesen Zetteln nehmen sollen.

Osmin. Je freylich, das habe ich auch gethan, da habe ich einen, da, seht, hier. (der Calender ließt heimlich) Aus dieser ungeheuren Summe kann man schliessen, wie schrecklich aufgebracht er seyn muß.

Calender. Ich verlasse euch auf einen Augenblick. Ich will sehen, ob man euch das Nachtessen zurichtet. (er geht ab.)

Osmin. Sehr wohl.

Balkis. Wie! der Sultan verspricht zehn tausend Zechinen, um uns zu entdecken? Diese Summe möchte wohl manchen verführen. Glaubst du, daß der Calender uneigennützig genug sey, einen solchen guten Fang zu verachten?

Osmin. Er! er ist der beste Mann unter allen Lebendigen, die ich kenne. Du kannst nicht
glau=

glauben, wie großmüthig er mir seine Hilfe anbot, ohne daß er mich jemals gesehen hatte.

Balkis. Du beruhigest mich wieder. Aber was ist das für eine seltsame Figur, die ich hier sehe. Sollte es nicht ein Abgesandter von dem Sultan seyn?

Osmin. Ach! nein. Es ist der Hr. Schwindel, der Maler, von welchem ich dir vor kurzem bey dem Frühstücke gesprochen hatte.

Balkis. Wer? dieser lächerliche Narr?

Osmin. Er selbst. Er wird uns indessen die Zeit recht lustig vertreiben, bis wir uns reisefertig machen. (er rufet ihm) Bst, bst! Herr Schwindel!

Achter Auftritt.

Herr Schwindel, die Vorigen.

Hr. Schwindel. Aha! lustiger Vogel, da stecken Sie so hübsch allein beysammen, und machen ein Paarchen? Aber, aber, nach allem dem, was ich Ihnen von den Weibsleuten gesagt habe, können Sie denn wohl noch so thöricht seyn, und —

Balkis. Fürchten Sie nichts, Herr Schwindel. Ich will niemand den Kopf verrücken.

Hr. Schwindel. In allem Ernste! In diesem Falle sind Sie ein Frauenzimmer zum Malen. Warum dienen Sie nicht allen andern zum Muster?

Arie.

Arie.
Trio.

Hr. Schwindel.

Ists erlaubt, daß man Sie hier störe?

Balkis und Osmin.

Ach! Sie erweisen mir viel Ehre.

Hr. Schwindel, zur Balkis.

Sie sind, ich muß es gestehn,
Wahrhaftig, wunderschön.
   (Zum Osmin.)
Sie sind klug, wie ein Weiser aus Athen.

Balkis und Osmin.

Ach! Sie erweisen mir viel Ehre

Hr. Schwindel.

Ists erlaubt, daß man Sie hier störe?

Balkis und Osmin.

Ach! Sie erweisen mir viel Ehre.

Hr. Schwindel, zur Balkis.

So ein klein und rund Gesicht
Hatte selbst Venus nicht.
Mein Seel! ich wette hundert Thaler.

Balkis.

Ich sehs Ihnen an den Augen an,

Osmin.

Ich sehs Ihnen an den Augen an,

ein Singspiel.

Balkis.

Sehn Sie, wie ich rathen kann,

Osmin.

Sehn Sie wie ich rathen kann,

Balkis.

Mein allerliebster Mann,

Osmin.

Mein allerliebster Mann,

Balkis und Osmin.

Sie sind der größte Maler.

Alle.

Balkis.   {Wir laden Sie ein,
           Itzt lustig zu seyn.

Osmin.   {Wir laden Sie ein,
          Itzt lustig zu seyn.

Herr   {Ich lade Sie ein,
Schwindel. Itzt lustig zu seyn.

Herr Schwindel.

Ists erlaubt, daß man Sie hier störe?

Balkis und Osmin.

Ach! Sie erweisen mir viel Ehre.

Hr. Schwindel. Ach! meine Königinn, wie sehr wünschte ich, daß Sie das Gemälde gese-

gesehen hätten, welches ich gestern für den Sultan vollends fertig gebracht habe. Wie niedlich! wie kernhaft! Es stellet ein kostbares Gastmahl vor, bey welchem sich zwanzig Personen lustig machen.

Balkis. Es ist vermuthlich ein Hochzeitfest?

Hr. Schwindel. (mit hysterischen Bewegungen) Au weh! au weh! au weh!

Osmin. (leise zur Balkis) An was Teufels denkest du auch, daß du von Hochzeiten mit ihm sprichst? Um ihn wieder zu besänftigen, so rede ihm von seiner Kunst.

Arie.
Trio.
Herr Schwindel.

Au weh! au weh! au weh!

Balkis und Osmin.

Ey, ey, ey, Herr Schwindel, ey.

Herr Schwindel.

Welche Plage!
Ich verzage.

Balkis und Osmin.

Malerey,
Bildhauerey,
Kupferstecherey.

Herr Schwindel.

Mord, tausend Blitz!....

Bal-

ein Singspiel.

Balkis und Osmin.

Schwarz, gelb und blau,
Weiß, roth und grün,
Und braun und grau,
Und Ultramarin.

Herr Schwindel.

Erde! Himmel und Meer!
Belzebut! Lucifer!

Balkis und Osmin.

Ey, ey, ey, Herr Schwindel, ey.

Herr Schwindel.

Den Teufel in Leib!
Ein Weib!

Balkis und Osmin.

Oker, Gummigut und Indigo...
Der Kopf und die Seiten,
Der Rötel, die Kreiden.

Herr Schwindel.

Von Weibern laßt uns Scheiden,
Die soll man allzeit meiden.

Balkis und Osmin.

Ey, ey, ey, Herr Schwindel, ey!

Herr Schwindel.

Au weh! au weh! au weh!

Balkis und Osmin.

Ey, ey, ey, Her, Schwindel, ey,
Das Indigo, Herr Schwindel, ey.

Herr

Herr Schwindel.

Au weh! au weh! au weh!

Balkis. Beruhigen Sie sich. Ein so lustiges Gastmahl konnte nicht anders als bey Gelegenheit eines Ehescheidungsfests gegeben werden.

Schwindel. Ach! nun hole ich wieder aus freyer Brust Athem.

Osmin. In Ihrem Gemälde war ein kostbarer Credenztisch, nicht wahr?

Schwindel. Ein Credenztisch — Ja — Aber, was ich allem andern darinn vorziehe, ist eine Gruppe Simphonisten die ich in dem Hintergrunde des Saales vorgestellt habe. Ich habe sie so künstlich gemalt daß man leicht errathen kann, daß sie Italiänische Musik spielen.

A r i e.

T r i o.

Balkis.

Ists ein Adagio?

Herr Schwindel.

Signora, no.

Osmin.

Ein Allegro?

Herr

Herr Schwindel.

No, Signor, No.

Balkis.

Ein Andante?

Herr Schwindel.

No.

Osmin.

Ein Cantabile?

Herr Schwindel.

No.

Balkis.

Spiritoso?
Amoroso?

Herr Schwindel.

No, no, no, no.

Osmis.

Allegretto?
Staccato?
Pizzicato?

Herr Schwindel.

No, no, no, no, no.
E un presto
Prestissimo.
Cosi, cosi, cosi.
Cosi, cosi, cosi.
Tri, tri, tri.

Tri,

Tri, tran, tri.
Pri, pri, pri.
Pri, pran, pri.
Tour, lour, lour, relan⸗
Pran, pran, pran.
Larela, larela, larela.
Lerele, lerele, lerele.
Lireli, lireli, lireli.
Lorelo, lorelo, lorelo.
Lurelu, lurelu, lurelu.
La, le, li, lo, lu.
Li, lo, lu.
Re, lu.
Lu, lu, re, lu.
Re, lu.
Re, lu.

Balkis. Und wie haben Sie es denn gemacht, um dieses Lurelu da zu malen? Wie viele Pinselstriche! —

Osmin. Das ist noch lange nicht alles. Ich wünschte nur, daß du eine Landschaft von des Herrn Schwindels Arbeit sähest! wie schön! wie majestätisch! da siehst du junge Kühe, weiß, wie der Schnee — die mit jungen Stieren weiden — und diese sind pechschwarz — eine Aussicht, die — die Gegenstände nähert und sie aus dem Gemälde herausdrückt — alte zerfallene Trümmer auf dem Lande — welche zusammen ein Säulenwerk von dem feinsten Geschmacke ausmachen. Kurz, man kann sagen — daß — Haben Sie nicht auch ein Stück als Parchen zu dem Gastmahle gemalet?

Schwin⸗

Schwindel. Zweifeln Sie noch daran? Es stellt eine Schlacht vor.

Arie.

Da sieht man die Armeen
Zu der Schlacht gerüstet stehn,
Das ist schrecklich anzusehn.
Hier steht die Cavallerie,
Der Säbel blitzt,
Flin, flic, flac, flan;
Dort steht die Infanterie,
Die sie beschützt,
Puff, piff, pin, pan,
Die Trommel geht, plan, plan, ratapatan,
Die Trompeten, clin, clin, terclin,
Hört man überall,
Und der Paucken Schall,
Blon, blon, rondonblon;
Mein Gemäld hat keine Copieen,
Hier spielen grosse Batterieen,
Pon, pon, pon, pon,
Dort hört man die Musketerieen,
Puff, piff, pin, pan,
Man hört der Kanonen Knall

Balkis. Welch schreckliches Gemälde! da Sie allen diesen Lärm vorgestellt haben, mußte Ihnen der Kopf wehe thun. Aber, weil wir doch daran sind, so wollen wir Ihre ganze Gallerie besehen. Ohne Zweifel haben Sie auch noch andre Gemälde?

Schwindel. Ja, aber, in Ansehung der Stärke, kömmt nichts der letztern Arbeit bey, welche (indem er sich an die Stirne fühlt) hier herausgekommen ist.

Arie.

Man sieht den Strom, der sprudelnd sich
Von den hohen Bergen wälzet,
Und, wie die wütende Fluth, fürchterlich,
Den Schmuck der Felder schmelzet,
Bäume zerdrückt,
Die Saat erstickt,
Die einst die Welt bereichert hätten.
Die Fluth erscheint,
Der Landmann weint,
Umsonst, er kann nichts retten;
Der Wolkenbruch hat nun alles zerstört
Und die Blüthen verheert;
Die Stürme
Fahren heulend durch die Thürme,
Der Himmel ertönt von bangen Klagen,
Menschen, Thiere, zittern, zagen,
Der Wolkenbruch hat nun alles zerstöhrt,
 (hier wirft er den Osmin zu Boden)
Und die Blüthen verheert.

Osmin. Ey, ey, ey, Herr Schwindel, es fehlt noch etwas an Ihrem Strome.

Hr. Schwindel. Wie! wie! was denn?

Osmin. Es fehlt noch ein Damm daran.

Hr. Schwindel. Ha, ha, ha! Ich will Sie hier wieder ruhig machen. In dem nämlichen Gemälde habe ich vorgestellt —

Arie.

Arie.

Einen Bach, der fließt,
Und sich ergießt,
Sanft, wie ein Zephir, rauschet,
Nymphen belauschet,
Der sich schlängelnd lenkt,
Blumen und Wiesen tränkt,
Schönen Reizungen schenkt,
Sich in Thäler versenkt;
Ihm versprach die Natur,
Daß er nie verstocket,
Weil er die Schäfer dieser Flur
Durch sein sanft Geräusch zum süssen Schlafe
       locket;
Murmle, Bach, dein gli, gla, gla,
Gla, gle, gli, glo, glu.
Selbst ein Amor seufzt nicht zärtlicher, als du.

Man hört dieses sanfte Murmeln mit den Augen.

Osmin. Ist es nicht etwas erstaunliches, daß Sie mit ein wenig weisser, schwarzer, grauer und gelber Farbe so grosse Wunderwerke hervorbringen.

Hr. Schwindel. O! o! dazu muß man die Kunst besitzen, die Farbe recht zu mischen.

Balkis. Ja, wahrhaftig, die Farben müssen sich zusammenschicken, wie die Leute bey dem Heyrathen.

Hr. Schwindel. (wie ein Rasender)
Au weh! au weh! au weh!

Osmin. (zur Balkis)

An was denkst du denn, Unbesonnene?

Hr. Schwindel.

Ich seh sie mit rußigtem Fittich umflattern,
Die Göttinn der Ehe, Harpien Gestalt,
Schwindsüchtig, halb keichend versagt ihr die Lunge
Die Sprache, itzt fließt es, das dürre Fantom.
Doch warte, es wird dich itzt Schwindel bald malen.
Dann führet ein Dämon mir Pinsel und Hand,
Dann will ich dein Bildniß den Liebenden zeigen,
So werden des Hymens Altäre zerstört.

(Er läuft dem Osmin nach, welcher fortgelaufen war, um seiner Wuth zu entfliehen, ob er ihm gleich zu verschiedenenmalen während seiner schwülstigen Rede von Malerey gesprochen hatte. Osmin kömmt ganz ausser Athem zurück.)

Neunter Auftritt.

Balkis, Osmin, (der hereintritt)

Osmin. Ich habe wahrhaftig geglaubt, er würde mich erwürgen.

Balkis. Ich fürchtete mich nicht weniger. Man muß gestehen, daß die Frau dieses Mannes eine grosse Gabe hatte, ein Hirn zu verrücken.

cken. Geh ein wenig dem Calender entgegen; ich bin nicht eher ruhig, bis er zurück seyn wird.
Osmin. Ich will sogleich zu ihm gehen.

Zehnter Auftritt.
Ali, Rezia, Osmin, Balkis.

Ali. Wo gehst du hin?
Osmin. Ich will ein wenig sehen, was der Calender macht, ob er zurück ist, und alsdann will ich mich auch erkundigen, ob alles Gepäcke der Prinzessinn in das Schiff gebracht worden.
(Osmin geht ab)
Ali. Ach! liebe Rezia, wie schmeichelhaft ist es für meine Liebe, da ich Ihnen nun schwören kann, daß ich eher einen tausendfachen Tod ausstehen, als mich noch einmal von Ihnen trennen lassen wollte.
Rezia. Wenn Sie so grosse Freude daran haben, dieses zu wiederholen, so ist die meinige hundertmal grösser, Ihnen zuzuhören.

Arie.
Duo.
Ali und Rezia.

Ketten sind, wenn sie Geliebte theilen,
So grausam nicht, als wie es scheint;
O! Liebe! du kannst die Schmerzen heilen,
Wenn sie dein Band vereint.

Eilfter Auftritt.

Dardane, Amine, Osmin, die Vorigen.

Dardane, Amine, Osmin, (zugleich alle dreye herbeylaufend) Es ist um uns geschehen. Wir sind verloren.

Osmin. Man hat das Caravane-Serrail umringt.

Ali. Umringt!

Rezia. O Himmel! —

Osmin. Ach! nun werden wir alle gespießt werden.

Ali. Wir sind verrathen.

Rezia. Da kömmt der Sultan.

Balkis. Der Calender folgt ihm. Der Bösewicht! Ich hatte es wohl vermuthet.

Letzter Auftritt.

Die Vorigen, der Sultan, sein Gefolg, der Calender.

Arie.

Chor.

Sultan.

Sie wollten mirs verschweigen,
Doch Rache soll itzt zeigen,
Den Sultan täuscht man nie;
Ich bin ein strenger Rächer,

ein Singspiel.

Wo sind sie, die Verbrecher?
Wo sind sie? wo sind sie?

Calender.

Hier sind sie.

Sultan, (zur Rezia)

Du locktest dein Verderben,
Du vergaßt Dank und Pflicht,
Treulose! du sollst sterben.

Ali.

Ach! Herr! ach! strafe sie nicht.

Ali und Rezia.

Bereit uns neue Plagen,
Durch deine Macht vermehrt,
Das Unrecht zu ertragen,
Hat uns die Unschuld gelehrt.

Sultan.

Ihr seyd noch so verwegen?
Ihr trotzet meiner Wuth?
Ihr stärkt mit neuen Schlägen
Eures Rächers Muth.

Ali und Rezia.

Bereit uns neue Plagen,
Durch deine Macht vermehrt;
Das Unrecht zu ertragen,
Hat uns die Unschuld gelehrt.

Sultan.

Wache! nehmt sie gefangen,
Quält sie auf manche Art,
Geht, erfüllt mein Verlangen,
Und plagt sie hart.

Amine.

Sollst du dein Leben enden,
Prinzeßinn von Persien?

Dardane.

Soll ich des Hänkers Hände:
Des Prinzen Ali Blut vergossen sehn?

Sultan.

Wie sagt ihr daß sie hiessen?
Lügt nur nicht und bekennt,
Sprecht nur, denn ich will wissen,
Ob ihr euch also nennt.

Osmin. (auf den Knieen)

Glaube, Herr, auf mein Gewissen,
Daß man sie stets also genennt

Amine, Dardane, Balkis, und Osmin.

Strafe sie nicht, es ist schade,
Sey dießmal doch gelind,
Denn sie verdienen Gnade,
Weil sie wirklich unschuldig sind

Rezia, und Ali.

Hör uns an, wir erflehen
Eine Gnade von dir.

Ali.

O! trenne mich nicht von ihr,
Wenn wir itzt zum Tode gehen.

Rezia.

Laß mich ihn sterbend sehen,
Vereinigt sterben wir.

Ali.

Ali und Rezia.

Hör uns an, wir erflehen
Eine Gnade von dir.
Rezia. ⎧ Laß mich ihn sterbend sehen,
Ali.   ⎩ Laß mich sie sterbend sehen.

Beyde.

Vereinigt sterben wir.

Amine, Darbane und Osmin. (alle auf den Knien).

Ach! Herr! hemme nicht ihres Lebens Lauf.

Balkis, Rezia, und Ali. (alle auf den Knien.)

Ach! Herr! ach! Herr!

Sultan.

Steht nur auf, steht nur auf.

Sultan. Ach! Rezia, wie unglücklich ist der Sultan von Egypten! seit sechs Monaten hat er vergebens alles angewandt, um Ihnen zu gefallen, und ein geringer Prinz von Balsora darf sich nur zeigen, um Ihnen die heftigste Neigung einzuflössen.

Rezia. Ach! Herr, würdigen Sie mich, mich anzuhören. Ich liebe diesen Prinzen. Schon seit langer Zeit bezeigt er mir die heftigste Gegenliebe. Schon zwey Jahre sind wir von einander getrennt, und erst seit zwo Stunden hat uns ein ungefehrer Zufall und die Liebe wieder mit einander vereinigt. Dieß macht uns heute in Ihren Augen strafbar.

Sultan. Ach! Rezia, welch Geständniß! aber der Himmel scheint eure Liebe zu deutlich zu beschützen, als daß ich nicht meine Eifersucht verdammen sollte. Beruhigt euch. Der Heldenmuth eures Gefühls entwafnet meinen Zorn.

Osmin. Der gutherzige Sultan!

Balkis. Welche Freude!

Ali. Herr! mit einem so großmüthigen Herzen ist man wohl des höchsten Ranges würdig.

Rezia. Unser Dank wird —

Sultan. Ach! diesen erlasse ich euch, weil mir euer Herz das einzige Kennzeichen, welches mir schmeichelhaft seyn könnte, niemals gewähren würde. Laßt uns nicht mehr davon reden — Ihr wißt, daß ich gerecht bin. Ich muß also jedermann Gerechtigkeit wiederfahren lassen. Nähere dich, Calender.

Calender. Vater der wahren Glaubigen, was foderst du von deinem Sklaven?

Sultan. Hast du mir nicht gesagt, daß du von Balsora wärest?

Calender. Ja, grosser Sultan.

Sultan. Du kanntest also diesen Prinz?

Calender. Ich kenne ihn seit seiner Kindheit.

Sultan. Man zahle ihm die versprochene Summe aus, weil er mir Nachricht von der Rezia gegeben hat, und hernach spieße man ihn, weil

ein Singspiel.

weil er den Bruder seines Königs verrathen hat.

Calender. (auf den Knien) Ach! Herr! Herr! Gnade; ich will die Summe nicht, lassen Sie mir nur das Leben.

Sultan. Nein, nein, Verräther du mußt sterben.

Calender. Ach! Herr, ich habe geglaubt, Ihnen einen Dienst zu erweisen.

Osmin und Balkis. Nein, nein, gespießt! auf einen Pfal gesteckt! an den Spieß mit ihm!

Calender. (zur Rezia) Prinzeßinn! Ach! helfen Sie mir doch, reden Sie für mich.

Ali. (zum Sultan) Herr, er bereuet seine That.

Rezia. Würdigen Sie ihn der Vergebung.

Sultan. Weil Sie es so haben wollen, so vergebe ich ihm; aber er soll sogleich Cairo räumen.

Calender. Unfehlbar. Diesen Verweis der Redlichkeit hatte ich nöthig.

Sultan. Genießet, glückliche Geliebte, des Glückes, dessen mich das Schicksal beraubet. Aber laßt mich zum wenigsten Zeuge davon seyn. Ihr suchet beyde einen Schutzort. Man feyre eure Vermählung mit der gehörigen Pracht; nach diesem könnt ihr euch auf immer an meinem Hofe niederlassen.

Ali. Ueberall, wo ein großmüthiger und gerechter Fürst regiert, findet man das Glück.

(sie gehen ab.)

(Der

76 Die Pilgrime von Mecca,

(Der Schauplatz verändert sich, und stellt das Hauptzimmer im Serrail vor. Der Sultan setzt sich auf einen erhöheten Thron. Ali und Rezia nehmen ihren Platz zu seinen Füssen. Der ganze Hof des Sultans und die Frauenzimmer aus dem Serrail nehmen Theil an dem Feste, welches durch folgendes Chor geendiget wird.)

Chor.

Amine, Dardane, Balkis, Rezia, Ali, Sultan, Osmin.

Alle.

Amine, Dardane, Balkis, Sultan, und Osmin.

So höret nun auf zu weinen,
Achmet ist ja versöhnt,
Euch wird das Glück erscheinen,
Das die Liebenden krönt.
Kein Unfal wird euch mehr begegnen,
Davon bleibet ewig verschont,
Der Himmel wird euch segnen,
Der die Treue belohnt.

Rezia und Ali.

Wir hören nun auf zu weinen,
Achmet ist ja versöhnt,
Uns wird das Glück erscheinen,
Das die Liebenden krönt.
Kein Unfall wird uns mehr begegnen,
Davon bleiben wir ewig verschont,
Der Himmel wird uns segnen,
Der die Treue belohnt.

Sultan.

Wahre Muster treuer Liebe,
Denkt stets an diesen Tag zurück.

Balkis und Osmin.

Fürst! zeige ferner deiner Großmuth Triebe,
Einst dein und deiner Völker Glück.

Sultan.

Himmel! laß mich diesen holden Gatten
Glück und Wollust prophezeyn.

Rezia und Alf.

Unter deines Trones Schatten
Wird alles glücklich seyn.

Alle.

Amine, Dardane, Balkis, Sultan, und Osmin.

So höret nun auf zu weinen,
Achmet ist ja versöhnt,
Euch wird das Glück erscheinen,
Das die Liebenden krönt.
Kein Unfall wird euch mehr begegnen,
Davon bleibt ewig verschont,
Der Himmel wird euch segnen,
Der die Treue belohnt.

Die Pilgrime von Mecca,

Rezia und Ali.

Wir hören nun auf zu weinen,
Achmet ist ja versöhnt,
Uns wird das Glück erscheinen,
Das die Liebenden krönt.
Kein Unfall wird uns mehr begegnen,
Davon bleiben wir ewig verschont,
Der Himmel wird uns segnen,
Der die Treue belohnt.

Ende des Stücks.